Bibliografische Information der Deutschen Nationalbibliothek:

Die Deutsche Bibliothek verzeichnet diese Publikation in der Deutschen National-
bibliografie; detaillierte bibliografische Daten sind im Internet über http://dnb.d-
nb.de/ abrufbar.

Impressum:

Copyright © 2016 GRIN Verlag, Open Publishing GmbH
Druck und Bindung: Books on Demand GmbH, Norderstedt Germany
ISBN: 9783668384798

Dieses Buch bei GRIN:

http://www.grin.com/de/e-book/351947/antike-kaiserpalaeste-vergleiche-der-zeit-
lichen-entwicklung

Sigrid Vollmann

Antike Kaiserpaläste. Vergleiche der zeitlichen Entwicklung

GRIN Verlag

Inhalt

Einleitung:

Kaiserpaläste hat es im Laufe der Geschichte sehr viele gegeben. Nicht immer weiß man alles über die Kaiserpaläste. Einige lassen sich nur aufgrund von Überlieferungen rekonstruieren (Palast von Alexandria). Wieder über andere ist die Dokumentationslage nicht sehr gut (Paläste im Vorderen Orient).

Um die Auswahl der Kaiserpaläste einzuschränken, habe ich mich auf die „klassischen" Länder beschränkt: Griechenland, Italien, Mesopotamien und Ägypten sowie Kroatien und Türkei. Somit lassen sich innerhalb der einzelnen Länder gute Vergleiche einer zeitlichen Entwicklung darstellen, aber auch innerhalb der unterschiedlichen Länder. Gewisse Elemente (Trennung zwischen Privatbereich und Repräsentativbereich) werden sich unabhängig von den Ländern und Zeitepochen immer wieder finden lassen – ganz nach dem Motto „never change a winning team".

Griechenland:

Knossos:

Im minoischen Kreta wird immer von zwei Palastzeiten gesprochen: der älteren und der jüngeren. Die ältere Palastzeit war von 1900 bis 1650. Auffällig ist, dass sich die Paläste zwar in das Stadtbild einfügen, aber doch eigenständig sind. Sie sind aber von der Stadt nicht durch Mauern oder andere Begrenzungen getrennt. Die neue Palastzeit war von 1650 bis 1425.

Der Palast des Königs Minos, der Labyrinth ähnlich ist, wurde von innen nach außen gebaut. Die Mitte bildet ein großer Hof. Der Thronsaal ist auch noch erhalten. Der Thron ist aus Stein und links und rechts daneben befinden sich auch Bänke aus Stein. Gegenüber dem Thron fand man eine Treppe, die nach unten führt. Das findet man mehrfach in Palästen. Entweder ist dies ein kultisches Phänomen oder aber der Thron befand sich wirklich am höchsten Punkte des Palastes und darunter wohnte oder lebte man. Der westliche Bereich des Palastes ist einerseits durch kultische repräsentative Räume und durch große Magazinräume gekennzeichnet. Im Ostflügel fand man Werkstätten – in der damaligen Zeit waren Paläste nicht nur Herrschersitze sondern auch Orte der Verarbeitung, der Rohstoffproduktion und des Handels. Im Süden lagen prachtvoll ausgestattete Räume. Man fand auch ein WC mit antiker „Wasserspülung". Für die Spülung sorgte ein Bassin, in dem Regenwasser war. Das Regenwasser wurde durch in die Mauer eingebaute Schächte abgeleitet. Gruppen von der Nordwestküste Anatoliens siedelten sich in Kreta an. Man erzielte große landwirtschaftliche Erträge und tauschte diese gegen Rohstoffe aller Art. Die wichtigsten Handelspartner waren Syrien und Palästina. Durch diese Handelsverbindungen kam es zu einem gewissen Reichtum und zu einem Bevölkerungsanstieg.

Insgesamt erstreckt sich der Palast von Knossos auf 24.000m².

Mykene:

Die Argolis, das Gebiet in dem Mykene liegt, wurde von den Pelasgern bewohnt, die vom König Danaos unterworfen wurden. Danaos ist von Ägypten geflohen und hatte 50 Töchter, die er alle mit ihren Cousins verheiratet. Alle Männer – bis auf einen – wurden in der Hochzeitsnacht von ihren Frauen umgebracht. Der eine Überlebende – Lynkeus – wurde danach der Nachfolger von Danaos. Seine beiden Söhne gründeten Tiryns und Argos. Akrisios, der Gründer von Argos, hatte schon während der Geburt eine Prophezeiung erhalten, dass er durch die Hand seines Enkels sterben werde. Daher sperrte er seine Tochter, Danae, in einen Turm. Zeus verliebt sich in die wunderschöne Tochter, verwandelte sich in Goldregen und so wurde Perseus gezeugt, der Held, der die Medusa besiegte und Andromeda befreite. Er tötet auch wirklich aus Versehen seinen Großvater, da er nach Argos zu den Wettspielen kam, wo er einen Diskus warf, der seinen Großvater tötete.

Mithilfe der Kyklopen gründete er Mykene. Seine beiden Söhne gaben die Herrschaft in Mykene an die Pelopiden ab – Nachfahren von jenem König Pelops, der in einem nicht gerade fairen Pferderennen die Macht über Olympia erlangt hatte. Diese beiden Pelopiden – Atreus und Thyestes – konnten sich aber nicht leiden und schließlich brachte Atreus seine Neffen um und setzte sie seinem Bruder zum Essen vor. Thyestes stachelt daraufhin seinen Schwiegersohn Aigisthos an, Atreus zu töten, was dieser in die Tat umsetzt. Dieser Aigisthos wird danach mit Klytamnästra, der Frau des späteren König Agamemnons, Ehebruch begehen und diesen auch ermorden. Selber stirbt er dann durch Orestes, den Sohn des Agamemnons. Später mussten die Atriden Herakles weichen.

In der mykenischen Kultur (1600 bis 1100) ist die Besonderheit, dass sich die Paläste nicht in die Siedlung einfügen, sondern diese überragen.[1] Die Stadt war seit der Bronzezeit besiedelt. Erst ab dem 16. Jahrhundert vor Christus wirtschaftlicher Aufschwung. Lag auf einem Hügel, der von einem Mauerring umgeben war. Die Mauern werden als Zyklopenmauern bezeichnet, da riesige Steine ohne Mörtel aufeinander gesetzt wurden. Auf dem Hügel befanden sich die Lagerräume, die Wohnquartiere, die Werkstätten und die Akropolis mit dem Königspalast. Der Palast besteht aus einem Megaron, der damalig üblichen Hausform, auf der Spitze des Burgberges. Im Inneren der Burg befand sich auch eine unterirdische Zisterne.

Die Burg betrat man durch das Löwentor. Das ist typisch für die mykenischen Paläste, dass der Zugang inszeniert ist, gewaltig wirkt. Der Löwe kommt öfter auf mykenischer Kunst vor, ist also vermutlich ein Symbol der Herrschaft und des Königs. Es gibt auch Theorien, dass es sich dabei um Greife handle. Die Greife wurden in der damaligen Zeit als Herrschersymbol benutzt. Man kennt verschiedene

---

[1] Hoepfner, 106

zeitgleiche Reliefe oder Siegeln, wo Götter oder Könige mit Greifen abgebildet sind – Tagung ägäische Bronzezeit 2009 Unmittelbar danach sind der Gräberrund A und der Gräberrund B, wobei B älter als A ist. Es handelt sich um Männer und Frauengräber. Kann man durch die unterschiedlichen Grabbeigaben (Frauen Schmuck und Männer Waffen) unterscheiden. Einige Skelette trugen auch Totenmasken aus Gold. Eine besonders majestätische wurde von Schliemann „ Goldmaske des Agamemnon" getauft. Sie ist aber wesentlich älter.

Tiryns:

In Tiryns ist diese Inszenierung des Zuganges zum Palast noch schöner zu erkennen als in Mykene. Über einen schmalen Weg betritt man den Plast durch zwei Propyla bevor man in den Innenhof kommt, der abschüssig ist. Man betritt den Palast seitlich, der Blick auf den Thronsaal ist somit nicht direkt gegeben. Eine andere Möglichkeit, zum Thronsaal zu gelangen, gibt es nicht. Ist schon der Hof überwältigend, ist es der danach folgende und im Inneren von Säulen umrahmt Palasthof, das Vestibül zum eigentlichen Thronsaal, noch viel mehr. Die Gestaltung des Palastes – äußerer Hof, Propylon, innerer Hof, Megaron – ist symmetrisch.[2] Das Megaron ist in drei Abschnitte unterteilt: Vorhalle, einen Nebenraum und einen Hauptraum mit dem Thron. In der Mitte befindet sich eine Herdstelle – dies ist in den mykenischen Palästen im Thronsaal üblich.

Der Palast diente nicht nur der höfischen Repräsentation sondern war auch Wirtschaftszentrum. Außerdem beherbergte er auch die Privatgemächer des Herrschers. Es lässt sich also ein repräsentativer und ein privater Bereich erkennen – etwas, was man auch bei den Kaiserpalästen in Rom wieder erkennen wird. Der Palast war aus luftgetrocknetem Lehn erbaut – war also sehr leicht verletzbar. Hatte man es bis hierher als Feind geschafft, dann hatte man auch die Stadt erobert. Zusätzlich verwendete man Holz. Kein Wunder also, dass in der damaligen Zeit viele Paläste durch Feuer zerstört wurden.

Westlich des Megarons liegen weitere Räume, denen kultisch-repräsentative Funktionen zukommen. Östlich vom Megaron liegt der „zweite Palast", da auch hier ein Hof mit einem dahinterliegenden Megaron lag.

Teilt sich in Oberburg und Unterburg. Hier fand man erstmals Korridorhäuser.[3]Alles, was heute noch zu sehen ist, ist aus der Zeit kurz vor dem Untergang der mykenischen Kultur.

Bemerkenswert in Tiryns sind auch die fortifikatorischen Maßnahmen, die gesetzt wurden. Der Zugang im Westen war sehr klein und verjüngte sich, so dass sich die Masse der angreifenden Feinde verkleinern musste. Das gleiche Phänomen sieht man beim Haupteingang im Osten. Dort führt eine

---

[2] Hoepfner, 109
[3] Hoepfner, 110

Rampe in die Burg. Sie folgt in ihrem Verlauf der Burgmauer. Die Länge dieser Rampe beträgt ca. 47 Meter. Sie wurde bewusst so angelegt, dass man beim Hinaufgehen der Burgmauer die rechte – und somit die ungeschützte – Seite zuwandte. Dort kommt man an ein Tor und dahinter gelangt man zum Torweg, der zur Oberburg aufsteigt. Auch dort wird man wieder auf allen Seiten von Mauern umrahmt und stand somit immer unter Beschuss. Bevor man die eigentliche Burg betritt, geht man durch das große Tor, das in etwa die Dimensionen des Löwentors von Mykene hatte. Es handelte sich um ein zweiflügeliges Holztor. Und war vermutlich mit Fresken geschmückt.

Die Befestigungsmauern bestehen aus Kalkstein. Da sie ein unglaubliches Gewicht und von schier unglaublicher Größe waren, spricht man – ebenso wie in Mykene – von den Kyklopenmauern, da man davon ausging, dass man beim Baum Hilfe dieser rieseigen mythologischen Figuren bedurfte. Man ist bemüht, dass die Blöcke immer gleich große sind, um sie wirklich in horizontalen Streifen erbauen zu können. Die Ansichtsseiten sind in der Regel gut bearbeitet.

Pylos:

Auch hier finden sich Kyklopenmauern. Über ein Propylon, vorbei am Stand für die Wachen, kommt man in zwei Räume, die für die Verwaltung dienten. In einer dieser beiden Räume fanden sich 1000 Tontäfelchen in Linear B Schrift. Erhalten sind diese Täfelchen dadurch, dass sie bei dem Brand, dem Pylos zum Opfer fiel, gebrannt wurden. Die Tafeln erhalten Angaben zu Waren, Vorräten und vor allem auch Truppenkontingenten und Truppenverschiebungen[4] und werden als oka Täfelchen bezeichnet. Dadurch lassen sich nachvollziehen, welche Maßnahmen um 1200 v. Chr. unternommen wurde, um das Reich militärisch zu sichern und man kann erkennen, dass Teile, die bisher unbewacht waren, aufgerüstete haben. Diese würde wieder die Theorie bestätigen, dass das mykenische Reich aufgrund einer Eroberung eines anderen Volkes untergegangen ist.

Der zweite Raum war mit Bänken ausgestattet. Es war somit der Warteraum für alle, die zum „wanax" vorgelassen werden wollten.

Hinter dem Propylon folgt der Innenhof, auf den erneut – wie in Tiryns – eine Vorhalle mit zwei Säulen folgt. Hier kann man dann einerseits zu den Privaträumen gelangen, aber auch durch eine Treppe in das Obergeschoß.

Hier befindet sich auch ein weiterer Warteraum, in dem sich nicht nur Bänke befanden sondern auch Ständer für zwei Weingefäße.

Dahinter befand sich eine Geschirrkammer, die mit Trinkgefäßen gefüllt war.

---

[4] Badisches Landesmuseum, 61

Am Ende des Hofes schließt sich eine Vorhalle an. Es gibt auch hier eine Plattform, für die Wache. Der Palast war also mehrfach gesichert. Über einen weiteren Vorraum gelangt man schließlich in den Thronsaal, in dessen Mitte sich – wie auch in Tiryns und Mykene, ein runder Herd befand. Umrahmt wurde er – auch hier eine Gemeinsamkeit mit Tiryns und Mykene – von vier Säulen und besaß oberhalb eine Öffnung, durch die er Rauch abziehen konnte. Der Thron selber ist nicht mehr erhalten. Der Platz, wo er gestanden hat, kann aber aufgrund einer Verzierung mit Greifenfresko erahnt werden. An der rechten Wandseite befindet sich der sogenannten Libitationsgraben. Von diesem konnte der König Weinopfer in den Herd fließen lassen.

Unmittelbar hinter dem Thronsaal befand sich ein Raum, in dem mehr als 6000 Trinkgefäße gefunden wurden sowie ein Raum, in dem Ölgefäße gelagert werden.

Vom Vorraum aus gelangt man in das Badezimmer, in dem noch eine Badewanne aus mykenischer Zeit zu sehen ist. Dahinter befindet sich der Saal der Königin. Auch dieser war mit einem runden Herd ausgestattet. Er war kleiner, aber genauso schmuckvoll wie der Thronsaal des Königs.

Betreten wurde der Saal der Königin durch einen Mittelhof und eine Vorhalle. Ein weiterer Raum grenzt an das Megaron der Königin, den man als Toilette oder Waschraum deutet, da er im Boden einen Abfluss hat.

Links vom Hauptgebäude befindet sich das Südwestgebäude, das durch eine Rampe zu erreichen ist, die in einen Hof führt. Dahinter liegt ein 70m² großer Vorhof, der mit Säulen ausgestattet war und im rechten Winkel zu einem Raum liegt, den man als den älteren Thronsaal deutet, da dieses Gebäude vor dem Hauptgebäude errichtet wurde. Die lässt sich auch daran erkennen, dass dieser Komplex winkelig ist, während das Hauptgebäude so aufgebaut ist, dass alle Räume um den Thronsaal liegen. In diesem Komplex ist weiters nur mehr ein Wohnquartier und ein Badezimmer identifizierbar. Auch hier war ein Obergeschoß vorhanden. Treppen in dieses wurden gefunden.

Nordöstlich des Hauptgebäudes befinden sich zwei Weinkeller.

Rechts des Hauptgebäudes lag ein weiterer Komplex, der erneut über eine Rampe zu erreichen ist. Man fand Tontäfelchen und Siegelabdrücke. Deswegen deutet man den Komplex als Werkstätten.

Zusammenfassung:

Zusammenfassend zur mykenisch-minoischen Welt lässt sich sagen, dass die ersten Paläste noch ungeordnet und zusammengewürfelt waren. Erst gegen Ende begannen sie sich um ein Megaron zu gruppieren, in dessen Mitte der Thronsaal war, der immer eine Herdstelle beinhaltete. Trankopfer waren in der mykenisch-minoischen Zeit sehr wichtig. Deswegen lassen sich auch – speziell in der minoischen Welt – sehr viele Trinkgefäße – Rhytone – finden. In der minoischen Zeit lagen die Paläste meist im Zentrum der Stadt in der Ebene – in der mykenischen Zeit waren die Paläste von gewaltigen Mauern umgeben und lagen erhöht.

Pella:

Pella war die Hauptstadt des makedonischen Königreiches und auch die Stadt, in der das Geschlecht der Ptolemäer, die später in Ägypten herrschen sollten, und der Seleukiden, die über die heutige Türkei herrschten, ihren Aufstieg fand. Leider ist über Pella aus makedonischer Zeit wenig überliefert. Überlieferungen gibt es von den Griechen und von den Römern – beides fremde Völker.[5]

Pella liegt 38 Kilometer nordwestlich von Thessaloniki. Schon bevor Alexander der Große die Stadt zur Hauptstadt des makedonischen Reiches machte, wurde die Stadt von König Archelaos eingenommen. Der Palast wurde von Zeuxis, einem der Bildhauer der damaligen Zeit schlechthin, verziert. Zynische Zungen der Antiken behaupteten, dass viele Leute nach Pella kamen, aber nur um die Stadt zu sehen, aber nicht den König.[6] Das Theater von Pella wurde von dem Dramatiker der damaligen Zeit schlechthin, von Euripides, geplant. Seine letzten Jahre verbrachte er in Pella. Mit seiner Anwesenheit wurde Pella auch ein Treffpunkt des intellektuellen Lebens der damaligen Zeit – zur Zeit Alexander des Großen noch mehr, da an dem Hof dann auch Aristoteles weilte.

Über den Ursprung des Namens Pella ist sich die Wissenschaft nicht einig. Einige meinen, dass der Gründer der Stadt ein gewisser Pellas gewesen sein soll. Andere gehen davon aus, dass Pella seinen Namen einer schwarz-grauen Kuh (pellos) verdankt.[7]

Die erste Erwähnung des Namens finden wir bei Herodot, der die Stadt erwähnt, als er den Heeresweg von Xerxes beschreibt.

Die Ausgrabungen ergaben, dass sich die Stadt am Höhepunkt seiner Macht auf einer Fläche von ca. 4 km² erstreckte. Friedhöfe wurden – wie für die damalige Zeit üblich – außerhalb der Stadt gefunden ebenso wie die „Bäder Alexander des Großen", weil außerhalb der Stadt eine Wasserquelle gefunden wurde. Einige der gefundenen Gebäude haben Mauern von bis zu 2 Metern Dicke. Die Bauten sind allesamt aus dem einheimischen Stein. Auch Marmorreste wurden vereinzelt gefunden.

Pella- königlicher Palast:

Dieser Palast befindet sich auf der Akropolis – am Burgberg. Es gibt sehr wenig schriftliche Überlieferungen dazu. Der Palast hat sich auf einem Areal von 60.000m² erstreckt. Leider sind nur die Grundmauern erhalten, alles darüber ist nicht mehr vorhanden. Ursprünglich wurde der Palast in der 2. Hälfte des 4. Jahrhunderts errichtet und unter Philipp V erweitert. Der Palast wurde so erbaut, dass

---

[5] Pho78, 11
[6] Pho78, 12
[7] Pho78, 31

er in das hippodamische System passte – somit musste er zur gleichen Zeit geplant worden sein. Westliche und östlich wurde der Palast von Straßen flankiert und nördlich durch die Stadtmauer. Außerdem befand sich östlich auch noch ein Theater.

Ganz klar erkenntlich sind die verschiedenen Komplexe innerhalb des Palastes: Der östliche Teil mit vier Höfen ist der Hauptpalast. Der südliche Teil, der aus den Peristylen I und II besteht, ist am leichtesten zugänglich und wurde unter Philipp V errichtet. Dieser Teil war für offizielle Empfänge. Der nördliche Teil des Palastes, der ebenso zwei Höfe enthielt (IV und V), war der repräsentative Bereich.

Der Teil, der für die Dienstboten und die Administration vorgesehen war, bestand aus mehreren schmäleren Räumen und war im Westen, wobei dieser Teil von den anderen beiden Teilen durch einen Korridor und einen Hof getrennt worden war.

Der Zugang zum Palast war im Süden und war hier über eine Rampe von der Stadt her zu erreichen. Ein weiterer Zugang wird im Osten vermutet. Dort liegt auch ein weiterer Peristylhof, der zweigeschossig war. Flankiert wird di

Dieser Peristylhof durch drei Hallen, zwei sind kleiner und schmuckloser als die mittlere, die aufgrund ihrer Verzierung und der vorgestellten Säulen eine besondere Bedeutung gehabt haben muss, Möglicherweise eine Empfangshalle. Außerdem sind hier auch zwei Rundräume gefunden worden, über die Funktion kann man nur Vermutung anstellen, aber entweder ein Raum für den königlichen Kult oder ein Heiligtum. Statuenbasen wurden aber keine gefunden.

Der nördliche Teil mit den beiden Höfen IV und V wurde im 4. Jahrhundert erbaut. Beide Höfe wurden von Räumen flankiert, deren Bedeutung man nicht kennt. Es muss gesagt werden, dass hier aber bei weitem noch nicht alles ausgegraben worden ist. Die nördliche Peristylhalle enthielt ein kleines Swimmingpool sowie beheizte Räume. Es könnte sich daher um die hauseigenen Thermen handeln.[8]

Aigai – Vergina:

Obwohl diese Stadt in der hellenistischen Periode nicht mehr die Hauptstadt war, verlor sie nie ihren Ruhm und war deswegen auch die Stadt, in der nach wie vor die Könige begraben wurden. In der zweiten Hälfte des 4. Jahrhunderts wurde hier auch ein neuer – auf einer Terrasse liegender – Palast errichtet. Unterhalb der Akropolis war sogar ein Theater. Möglicherweise handelt es sich um das Theater, in dem Philipp II ermordet worden ist.[9] Der Zugang zum Theater erfolgt über 10 Meter breite Propyläen, die über eine Rampe erreicht werden konnten. Die Propyläen hatten auch

---

[8] Nielsen, 92
[9] Diod. 16, 91, 4

Flügelbauten – dies ähnelt alles sehr den Propyläen der Athener Akropolis. Die Flügelbauten mit den Stoen waren zweigeschossig – dorisch und ionische.

Der Palast selber bestand aus zwei Teilen: dem eigentlichen Palast und einem Perisytlhof auf der Westseite. Bei dem Hof handelt es sich sicherlich um einen späteren Zubau, da Material vom Hauptpalast hier wiederverwendet wurde.[10] Der Hauptpalast wiederum besteht ebenfalls aus einem Peristylhof, um den herum auf alle vier Seiten Räume angebaut worden sind. Der nördliche Flügel – mit Blick Richtung Stadt und Theater – hatte eine vorgebaute Terrasse mit Balustraden.

Den Palast betritt man über drei Propyla, das erste wird durch eine Säulenhalle links und rechts begrenzt, das zweite durch Räume und der dritte Vorraum konnte durch drei Durchgänge betreten werden, wobei der mittlere der breiteste war. Insgesamt ist der Raum von den dreien der größte. Zum Peristylhof gibt es wieder drei Durchgänge, die aber nicht so imposant sind.

Im östlichen Teil des Palastes gibt es einen runden Raum, über dessen Funktion man sich nicht einig ist: Die ersten Ausgräber haben Marmorfragmente entlang der Wand gefunden und den Raum daher als Thronsaal interpretiert. Vor kurzem wurde eine Inschrift gefunden, die von einer Weihung an Herakles spricht – daher nun die mögliche Deutung des Raumes als Heiligtum mit kombiniertem Thronsaal. Eine weitere Deutung spricht von einem Speisezimmer für sitzende Gäste. Erstaunlich ist allerdings, dass – wenn er Raum wirklich von großer Wichtigkeit, in welchem Sinne auch immer, gewesen ist, dass er auf der Ostseite keine zentrale Stellung einnimmt. Er befindet sich nicht einmal in der Mitte und hat keinen pompösen Eingang wie man das eigentlich erwarten würde.

An der Südseite liegt ein Raum, der sich mit Säulen zur Stoa öffnet und in dessen Anschluss zwei weitere Räume liegen, die man nur über diesen einen Raum betreten kann. Er ist also das Verbindungsglied dieser Räume. In diesen beiden Räumen sind Mosaikfußböden gewesen. Außerdem gibt es auf allen vier Seiten eine Erhöhung des Bodens – möglicherweise für Klinen. Es handelt sich dabei also um je ein andron.[11]

Die restlichen Räume wurden als Banketträume bezeichnet. Außerdem lassen sich diese auch sehr gut feststellen, da auf den Mosaikfußböden sogenannte Klinen-Bänder zu sehen waren, Verzierungen, die die genaue Lage der Klinen nachahmten. Auffällig ist, dass all diese Banketträume von unterschiedlicher Größe waren – somit wurden sie vermutlich für eine unterschiedliche Anzahl von Gästen (bezogen auf den sozialen Status) verwendet.[12]

---

[10] Nielsen, 82
[11] Andronicos, 42
[12] Nielsen, 84

Palast des Galerius Thessaloniki:

Im Jahr 299 n. Chr wählte Galerius Thessaloniki als Platz für seinen Palast, der sich auf einer Fläche von 150.000 m² erstreckten sollte. Viele Teile des Palastes sind unter der heutigen Stadt begraben, einige wenige Reste sind aber noch zu sehen. So unter anderem ein Hippodrom, ein oktogonaler Raum und ein Peristyl. Der Peristylhof bildete das Zentrum des Palastes, um den herum sich alle Räume anordneten. Räume für den privaten Wohnbereich und Räume für die Verwaltung. Der oktogonale Raum liegt im Südwesten uns misst rund 30 Meter im Durchmesser. Er wird entweder als Tempel oder als Thronsaal identifiziert.

Aula Palatina: es handelt sich um einen rechteckigen Hof, auf dem Empfänge stattgefunden haben. Möglicherweise diente der raum auch als Basilika.

Vorderer Orient:

Tell Leilan:

Es handelt sich um einen Stadt im Irak, in der zwei Paläste aus dem Höhepunkt der mesopotamischen Kultur zu finden sind.

Im 19. Und 18. Jahrhundert v. chr. war dies die Hauptstadt der mesopotamischen Könige. Der Palast von Sasi Adad wurde von 1806 bis ca. 1728 als Palast benützt. Der Palast erstreckt sich auf 1000m² aufgeteilt auf 25 Räume, die sich um zwei zentrale Höfe gruppierten. Mehrere Bauphasen konnten nachgewiesen werden. Die ältesten Gebäude sind in der nordostecke und wurden dann nach Süden und Westen erweitert. Die ältesten Gebäude gehörten den Sklaven. Bei der Erweiterung wurden zwei Höfe errichtet, ein Thronsaal und der Küchentrakt. Neben dem Thronsaal gab es ein riesiges Palastarchiv, in dem diplomatische Korrespondenz gefunden wurde aber auch Korrespondenz, die sich mit den Gesetzen der Dynastie und der Kontrolle dieser befasst. Fast alle im öffentlichen Leben, sei es das Brot das gebacken wurde, Opfer von Privatpersonen etc. wurde vom Palast vorgeschrieben und kontrolliert.[13]

Ein weiterer Palast, der gefunden wurde, ist dem Herrscher Quarni Lim zuzuschreiben. Sein Palast erstreckte sich um 325m² - war also zum Vorgängerpalast recht bescheiden. Man kann ihm den Palast deswegen zuschreiben, da mehrere Tontafeln im Archiv gefunden worden sind, die von einem Sklaven von ihm sind. Quarni Lim war selber kein mesopotamischer Herrscher, hatte aber gute Beziehungen zu den mesopotamischen Königen, war er doch für die Organisation von zwei Herrscherbegräbnissen zuständig. Selber war er König über eine kleiner Stadt im nördlichen Irak.

---

[13] http://leilan.yale.edu/about-project/excavations/samsi-adad-palace

Insgesamt wurden 12 Räume ergraben unter anderem ein Raum, der für die Veraltung und Produktion von Bier zuständig gewesen ist.[14] In einem Archivraum fanden sich nur Texte, die mit Bierproduktion in Zusammenhang stehen. Gefunden wurden Rezepte und Anweisungen zur Bierbrauerei aber auch Anweisungen für das Ausschenken vorn Bier an Gruppen und Einzelpersonen. Aufgezählt wurden auch die Empfänger von Bier unter anderem Haremsdamen, Beamte, Köche, aber auch die königlichen Sklaven. Daraus geht hervor, dass ein Mann dafür verantwortlich gewesen ist. Der Küchentrakt bestand aus 8 Räumen – möglicherweise wurde hier das Bier gebraut. Des weiteren wurden Bierfässer gefunden, die 2,4 Liter beinhalteten.

Palast des Zimri-Lim:

Wird auch Palastanlage von Mari genannt und wurde in der Mitte des 18. Jahrhunderts vor Christus durch die Eroberung Hammurapis zerstört. Der Palast ist wegen seiner Größe bekannt, wegen seines Tontafelarchives aber auch auch wegen den wunderschönen Verzierungen unter anderem im Palmenhof. Der Palast hat mehrere Funktionsbereich, die voneinander getrennt und nur durch lange Korridore zu erreichen und damit verbunden sind. In der Mitte existiert ein zentraler Hof. An diesen sind die verwaltungs- und Magazinräume angeschlossen. Die Residenz des Königs und des Harems befinden sich in einem zweiten Hof.

Bei der Malerei im Palmenhof handelt es sich um die einzige in situ gefunden Malerei, die die Südwand eines Hofes ziert. Verwendet worden sind die Farben rot, gelb, orange, blau, grün, weiß und schwarz. Die Bildfläche ist in mehrere Friese unterteilt.

Nimrud:

Dieser Palast, der in der neuassyrischen Zeit entstand, wurde unter Assurnasipal II im Jahr 879 v. Chr fertiggestellt. Er wurde 70 Jahre lang als Palast genützt und danach diente er noch als Wohnung für Funktionsträger, als Karawanserei und Speicher. Es handelt sich um den ersten assyrischen Palast, der mit Portalfiguren und Orthostaten aus Alabaster geschmückt war. Dazu kam noch farbiger Putz und Kupferblech. Der Plast bestand aus zwei Teilen: dem Eingangsbereich (babanu) und dem Wohnbereich (Bitanu). Dazwischen lag der Thronsaalkomplex.[15] Durch den Eingang vom Osten gelangte man in einen Innenhof, der von Verwaltungstrakten umgeben war. Südlich lag der über drei Portale zu betretende Thronsaal. Auf einem Podest stand der Thron. Von dort gelangte man in einen Hof des Bitanu Bereiches, der unter anderem auch eine Halle für offizielle Empfänge enthielt. An auffälligen Stellen des Palastes ließ der König auch Inschriften anbringen, die seine militärischen Erfolge priesen. Außerdem wird in ihnen auch der Palast beschrieben u.a. der Lustgarten mit exotischen Bäumen.

---

[14] http://leilan.yale.edu/about-project/excavations/qarni-lim-palace
[15] Bahn, 102

Babylon:

Der Palast wurde von Nabopolassar um 620 v. Chr. erbaut und hatte den Palast des Sanherip von Ninive als Vorbild. Unter Nebukadnezar wurde er erweitert.

Der Plast war eigentlich eine eigene Stadt, mit insgesamt fünf Innenhöfen, die direkt an der Stadtmauer lagen und an der auch die Heilige Straße, die durch das Ischtartor führte, entlangführte. Im gesamten Palast Areal gab es sogar eigene Gassen, die die einzelnen Höfe und die darum gruppierten Räume miteinander verbunden haben. Ob dieser überdacht waren oder nicht, weiß man leider nicht mehr.

Eines der Gebäude beherbergte den Thronsaal, der 50 Meter lang war. [16]

In diesem Palast waren möglichweise auch die Hängenden Gärten der Semiramis untergebracht. Diese zählen zu den Sieben Weltwundern der Antike. Wer Semiarmis genau war, weiß man nicht. Hin und wieder wird sie mit der babylonischen Königin Schammuramat gleichgesetzt. Sie lebte im 8. Jahrhundert, in einer Zeit, in der das assyrische Reich sehr geschwächt war. Möglicherweise war sie sogar teilweise Regentin bzw. Mitregentin ihres Sohnes. Die Hängenden Gärten lagen neben oder auf dem Palastareal und bildeten als Grundform eine quadratische Fläche. Insgesamt waren sie in Terrasse unterteilt. Die Etagen entstanden aus Rohr, Asphalt, gebrannten Ziegel, Mörtel und Blei. Darüber wurde eine Humusschicht gelegt. Somit wurde das Durchdringen von Feuchtigkeit verhindert. Die Bewässerung war aus dem naheliegenden Euphrat möglich. Lt. Diodor[17] wären die hängenden Gärten aber von einem babylonischen König errichtet worden. Möglicherweise Nebukadnezar II, der diese Gärten für seine Gemahlin errichten ließ. Sie kam aus dem Tiefland von Babylon und vermisste die Pflanzen.

Im Nordostteil des Südpalastes wurden einige überwölbte Räume gefunden. Diese insgesamt 14 Kammern will man als die hängenden Gärten von Babylon sehen. Der Bau verfügte über eine eigene Brunnenanlage und ein Wassertransportsystem, das an ein Paternostersystem erinnert.[18]

Wieder andere meinen, dass die hängenden Gärten nie existiert haben und nur durch die Phantasie der Bewohner entstanden sind, da ein Palastgarten ihnen nicht zugänglich war.

Ninive:

Diese Stadt war ein Zentrum des assyrischen Reiches und bestand aus mehreren Schichten, die bis in das Jahr 2900 zurückgehen. Xenophon[19] nennt die Stadt Maspila. Herodot[20] nennt sie Ninos und weiß

---

[16] Bahn, 97
[17] Diod. II, 10, 1
[18] Bahn, 97
[19] Xen. An. III, 4, 10-12
[20] Her. I, 178

auch, dass nach dem Fall der Stadt der Sitz des Königtums wieder nach Babylon verlegt wurde. Unter Assurbanipal im 7 Jahrhundert wurde die Stadt zur Perle des Ostens, denn Assurbanipal baute in ihr eine Bibliothek mit 10000 Tontafeln mit der gesamten babylonischen Literatur der damaligen Zeit. Darunter befanden sich auch medizinische Werke, philosophische Schriften aber auch Werke der Philologie. Auch eine Abschrift des Gilgamesch Epos wurde gefunden. Auch Gebete, Lieder und juristische Texte wie eine Abschrift des Codex Hammurabi kamen in dieser Bibliothek ans Licht. Dabei wurden sowohl akkadische, babylonische und sumerische Texte gefunden - einige sogar im Sumerischen und gleichzeitig im akkadischen. Es gab für diese beiden Sprachen auch schon Wörterbücher, die gefunden worden waren. Assurbanipal entsandte Schreiber in alle Teile seines Reiches, um von gewissen Werken Abschriften anzufertigen und diese in seine Bibliothek einfügen zu können. Assurbanipal rühmte sich auch als einziger assyrischer König die Keilschrift lesen und schreiben zu können.

Als die Assyrer um 1225 Babylon einnahmen, wurde das Reich neu strukturiert und dabei wurde Ninive zur Hauptstadt. Die Stadt wurde von einer Festungsmauer umgeben, die ca. 7,5 km² umschloss und 25 Meter hoch war. Durch 15 Tore konnte die Stadt betreten werden, die breite Straßen, Plätze, Park und Blumenanlagen beinhaltete. Als Hauptstadt hatte sie auch einen Palast. Eine Teilung der Stadt in einen königlichen Palastbezirk und eine tiefer gelegene Stadt erfolgte. Die äußeren Bereiche des Palastbezirkes waren für die Öffentlichkeit zugängig[21], da dort Verwaltungsgebäude und Vorratsräume behangen. Im Inneren waren die Häuser für die königliche Familie und für die Diener. Dazwischen lag der Thronsaal. Die Wände waren mit Alabasterreliefen geschmückt. Fügt man alle Wandreliefs zusammen, würde sich eine Gesamtlänge von 3 Kilometern ergeben.

Dieser Palast wird auch Südwest Palast des Sanherib genannt. Er wurde in der Zeit zwischen 702 und 693 v. Chr. erbaut. 120 Zimmer wurden bei Ausgrabungen freigelegt, weitere 100 schlummern noch unter der Erde. Der Palast wurde mithilfe von Kriegsgefangenen, die König Sanherib bei der Erweiterung des assyrischen Reiches gemacht hatte, erbaut. Der Palast sollte nach dem Vorbild des Palastes seines Vaters Sargon erbaut werden. Er selber sah es aber als schlechtes Omen, den Palast seines Vaters zu benutzen und wählte daher Ninive als Standort seines Palastes. Dank gefundener Keilschrifttexte weiß man über die gesamte Bauzeit Bescheid. Zunächst musste das Areal trockengelegt werden. Dann entstand ein Fundament aus Kalkstein, auf den Lehmziegeln gesetzt wurden. Der Palast war 22 Meter hoch.

Der Palast konnte über drei Zugänge erreicht werden. Die Portale wurden von Säulen gerahmt, die aus Bronze waren und schreitende Löwen beinhalteten. Andere Säulen bestanden aus Zedernholz aus

---

dem heutigen Libanon – damals Heimat der Phönizier. Auf die Portale aufgesetzt waren glasierte Zinnen.

Sanherib rühmte sich wegen der Gärten, die er in der Stadt anlegen ließ und in denen man seltsame Bäume fand. Spezielle Bewässerungsanlagen hielten die Pflanzen am Leben. Das Wasser wurde über Tunneln, Aquädukte und Kanäle in die Stadt geleitet. Deswegen werden diese Gärten gerne als die Gärten der Semiramis bezeichnet.[22]

612 wurde der Palast geplündert und viel einem Brand zum Opfer.

Persepolis:

Wurde unter Dareios um 500 vor Christus errichtet. Das Zentrum hatte einen Durchmesser von 435 *310 Metern und befand sich auf einer Terrasse. Die wichtigen Gebäude der Stadt standen eben auf dieser Terrasse, aber wieder auf eigenen Plateaus. Das prächtigste Gebäude ist die audienzhalle des Dareios, auch Apadana genannt. Sie stand auf einem 2,6 Meter hohen Podium, der Mittelsaal hatte 36 Säulen, an den Ecken befand sich je ein Raum, der jeweils von einem Vestibül begrenzt wurde. Es gibt auch einen Ratssaal. An die Apadana grenzte der Palast des Dareios, der allen nachfolgenden Herrschern als Vorlage diente. Es handelte sich um ein rechteckiges Gebäude, das sich in einen vorgelagerten Bezirk (Vestibül, Portikus, quadratischer Saal mit 12 Säulen und symmetrische Seitenflügeln) und den dahinter liegenden Bereich (2 quadratische Säle mit Säulen) gliederte. Vollendet wurde der Bau unter Xerxes, der die Apadana mit Eckbauten und Monumentaleingängen vergrößerte bzw. verschönerte. Man fand mit dem Palast auch ein neues architektonisches Konzept, das sich mit dem Ausdruck in Raumstruktur fand. Die Säulen ruhten auf quadratischen Basen.

Zusammenfassung:

Zusammenfassend ist zu sagen, dass sich die assyrischen Paläste immer in einen privaten Bereich und einen Verwaltungsbereich trennten. Beide enthielten meist einen Hof und waren durch den Thronsaal voneinander getrennt. Der Palast war aufwändig geschmückt und war meist durch riesige Portale mit Torwächtern zu betreten.

Ägypten:

Tell El-Amarna:

Dies ist der Ort, in dem der Ketzerkönig Echnaton – Amenophis IV – seine neue Hauptstadt Armana errichten ließ. Er lebte im 14 Jahrhundert v. Chr. Es ist gleichzeitig eine der wenigen Städte, die innerhalb einer Generation errichtet und danach auch gleiche wieder zerstört worden ist. Im Zentrum der Stadt befand sich der Palast, der mit Reliefen der königlichen Familie geschmückt war und wo sich auch ein vollständiges Palastarchiv befand, das auch freigelegt werden konnte. Hier wurden die

---

[22] Bahn, 109

sogenannten Amarna-Briefe gefunden – eine Korrespondenz mit Vasallen des ägyptischen Reiches. Der Palast umfasste den Hof und die privaten Gemächer der königlichen Familie.

Im Norden wurde eine weitere Palastanlage gefunden, die möglicherweise von Nofretete benutzt wurde. Links vom Hof befinden sich drei gleich große Räume. Es handelt sich um Magazinräume. Ein weiterer Hof könnte vermutlich einen kleinen See beinhaltet haben. Treppen wurden gefunden. Es gab daher mit ziemlicher Sicherheit auch ein Obergeschoß.

Alexandria

Obwohl von dieser Stadt archäologisch nichts mehr erhalten ist, gibt es zu diesem Palast einige Überlieferungen.[23] Polybios berichtet uns, dass der gesamte Palast durch eine Eingangshalle mit gigantischem Portal zu betraten war. Gleichzeitig konnte diese Eingangshalle als Empfangshalle für Empfänge – genannt chrematistikon – dienen. Das äußere des Palasts hatte eine riesige Palast Fassade. Des weiteren nennt er ein Gebäude mit dem Namen megistron peristylon – möglicherweise ein Hof, der vor dem Palast lag. Er nennt auch mehrere Gebäude, Peristylhäuser, um den Hof wobei das größte (megistron) vermutlich für offizielle Zwecke gedient hat – möglicherweise die B;anketthalle. In dieser hat – wenn man Lucian Glauben schenken will – Kleopatra Caesar unterhalten. Der Hof selber konnte mit einer Tribüne versehen werden, um eine große Menschenmenge für Empfänge, unterzubringen.

Des weiteren nennt Polybios einen Korridor (syrinx), der den Palast mit dem Theater verband. In unmittelbarer Nähe befand sich etwas, das den Namen maiandros trug. Ein Määnder ist eine Biegung eines Flusses und lässt daher vermuten, dass es sich um einen Wasser-Kanal handelte, um zu schwimmen. Daneben lag auch eine Palästra.[24]

Diodorus nennt uns nur, dass der Palast unter Alexander erbaut wurde, sehr berühmt wegen seinem Reichtum war und für seine Größe. Er weiß auch, dass der Palast immer wieder durch die unterschiedlichsten Eroberer erweitert wurde.[25]

Detaillierter beschreibt den Palast Strabo. Seiner Überlieferung nach erstreckte sich der Palast auf einem Viertel der Gesamtfläche von Alexandria, da alle Könige ihren eigenen Komplex (oikesis) dazu gebaut hatten. Es lagen alle auf der Lochias Halbinsel. Alle Komplexe waren miteinander verbunden und auch mit dem Hafen. In der Nähe der Königspaläste, aber auch noch auf der Lochias-Halbinsel, lagen die Gästehäuser. Sie waren alle von Parkanlagen umgeben und auch von Pavillons. Der eigentliche – ursprüngliche – Königspalast hatte sogar einen eigenen Hafen. In ihm war auch das museion untergebracht mit einer überdachten Portikus, einer Exedra und einem Speisezimmer. Es

---

[23] Nielsen, 130
[24] Nielsen, 130 ff.
[25] Nielsen, 131

beinhaltet außerdem einen Peristylhof mit Räumen, wobei in einem dieser Räume oder in mehreren die berühmte Bibliothek von Alexandria untergebracht war.

Betrachtet man die gesamte Beschreibung dieses Museions, dann drängt sich der Gedanke an ein Gymnasion auf, einen Komplex mit Peristylhöfen und Räumen, den Philosophen und Schriftsteller nutzen konnten, um sich fortzubilden. In diesen Gymnasia war immer eine Bibliothek inkludiert. Strabo beschreibt das Gymnasion in Alexandria als das schönste Gebäude in der Stadt – es scheint also zusätzlich ein Gymnasion gegeben zu haben – möglicherweise war es mit dem Museion verbunden. Unter Kleopatra wurde das Gymnasion für offizielle Anlässe genützt zu Mal Marcus Antonius hier Throne hin gebaut hatte.

Des weiteren waren Tempeln und Heiligtümer im gesamten königlichen Komplex zu finden unter anderem auch das Grab Alexander des Großen und die Gräber der Ptolemäer.

In der Nähe des Hafens fand man auch einen Poseidon Tempel. Poseidon Tempel sind rar und sind immer in der Nähe zu Meer zu finden wie beispielsweise in Kap Sounion oder in Tarent.

Theocritus weiß, dass die königlichen Parkanlagen während einem bestimmten Fest – dem Fest des Adonis – für das Volk geöffnet war. Deswegen vermutet man, dass sein Heiligtum auch in der Anlage der „basileia“ – des königlichen Komplexes zu finden war.

Adonis, der Liebhaber der Aphrodite und der Persephone, wurde in der heutigen Westtürkei geboren. Offenbar durch die Ptolemäer wurde sein Kult dann in ägyptischen heimisch.

Betrachtet man die gesamte basileia, dann wird auffallen, dass die Hauptstraße direkt zum Palas führte. Das ganze muss also geplant gewesen sein. Außerdem war der Palast nach persischen Palästen angehaucht, zumal der Hauptarchitekt der Basileia Ptolemeios I war, der gemeinsam mit Alexander dem Großen lange Zeit in Babylon unterwegs war und so das Konzept der persischen Paläste mitbrachte.

Ein eindeutig persisches Element lässt sich in dem Pavillon von Ptolemeios II wiederfinden. Er wurde 274-270 errichtet. Der Grund der Errichtung war, um Platz für ein Symposium zu haben und gleichzeitig eine religiöse Prozession dem Dionysos zu Ehren abhalten zu können.[26] Es hatte eine zelt-ähnliche Struktur, die aus einer Haupthalle bestand mit 4-5 Säulen an der Front. An drei Seiten war die Haupthalle von Portiken umgeben. Aus diesen drei Hallen, die durch Vorhänge von der Haupthalle getrennt waren, wurde die Verpflegung gebracht. Der königliche Pavillon bot Platz für mehrere hundert Gäste.

---

[26] Nielsen, 134

Palatin/Rom:

Schon zur Zeit der Gründung Roms siedelte sich hier Romulus, der Namensgeber und Gründer der Stadt an. Seine Hütten sind neben dem Tempel der Magner Mater gelegen.

Bereits durch die Ansiedlung von Romulus hier am Palatin war der erste Grundstein dafür gelegt, dass sich auch in weiterer Folge hier immer wieder die Reichen ansiedeln werden, denn sein Bruder Remus siedelte sich am Esqulin an? an – damals hat dort die ärmere Bevölkerung gewohnt.

Als nächster siedelte sich hier Kaiser Augustus mit seiner Frau Livia an. Innerhalb des Hauses des Augustus hatte Livia ihr eigenes Haus – die Casa di Livia. Strittig ist nach wie vor welche Ausdehnungen der Palast hatte. Es ist unwahrscheinlich, dass er sich nur auf die Casa di Augusto und die Casa di Livia erstreckt. Der Bereich östlich wurde genauer untersucht, ein Bereich, der bereits zur Domus Flavia gehört und dort wo sich die Bibliothek befand, konnten auch augusteische Reste ergraben werden. Hier war einst eine Bibliothek gewesen, die die Flavier dann einfach übernommen, aber höher gesetzt hatten.[27]

Gleichzeitig schaute man sich auch das Areal weiter östlich an und man entdeckte Gänge, die von der casa di Livia weggingen. Ein Gang Richtung Casa Tiberiana. Dieser Gang wird aber heute durch die Kryptoportikus des Nero beschnitten. Der zweite Gang verlief Richtung Apollo Tempel und damit Richtung Casa di Augustuo, denn der Tempel und die Casa di Augusto sind mit einer Rampe verbunden.

Des weiteren wurden unter dem Triclinum der Domus Flavia Reste ein reiches Wohnhaus freigelegt, der in die Zeit zwischen 30 v Chr und 20. V. Chr. aufgrund der Mosaiken zu datieren ist.[28] Diese Wohnung hatte zudem eine andere Ausrichtung als der darüber liegende Palast.

Auch die Grabungen in der Domus Tiberiana haben ergeben, dass dieser Palast erst allmählich entstanden ist und auf Häusern der augusteischen Zeit erbaut wurde.

Somit erstreckt sich die Casa die Augusto auf den gesamten östlichen Teil des Palatin und ist offenbar auch immer wieder erweitert worden. Dies würde auch mit den schriftlichen Überlieferungen übereinstimmen, da Augustus lt. Sueton[29] auf dem Palatin „ab capita bubula" geboren wurde – ungefähr dort, wo sich die Hütten des Romulus befanden. Er sei dann in das Haus des Redners Hortensius umgezogen, in dem er über 40 Jahre lang gelebt hat. Auch das Haus des Tiberius Claudius Nero, des ersten Mannes der Livia, ging nach dessen Tod an seinen Sohn – den späteren Kaiser

---

[27]Hoffmann, 7
[28]Hoffmann, 8
[29]Suet. Aug. 5

Tiberius über, der ab dem Tod seines Vaters zur familia augusta gehörte. Somit gehörte möglicherweise auch dieses Haus zu den Besitztümern von Augustus. Im Jahr 36 v. Chr. kaufte Octavian eine domus, um sein Anwesen zu vergrößern. Ein Teil seines Besitzes wurde aber vom Blitz getroffen und daher widmete er diesen Teil dem Apoll. Sogleich erbaute ihm der Senat mit öffentlichen Mitteln weitere Anbauten zu seinem Palast. Sueton[30] informiert uns auch darüber, dass Augustus den Spielen im Circus von seinem Haus aus beigewohnt hat – es muss sich demnach auch auf der westlichen Seite des Palatins erstreckt haben.

Domus Tiberiana:

Der Platz der Domus Tiberiana war begrenzt. Einerseits durch den Tempel der Magna Mater mit den davor gelagerten tabernae, andererseits aber auch durch die Casa di Livia und den davorliegenden Innenhof, in dem das Volks dem Kaiser huldigen konnte. Gleichzeitig fiel aber die Domus Tiberiana auch zum Forum Romanum hin ab. An der Nordwestseite liegt der ein Gebäude, das erbaut und kurz darauf aber durch eine private Thermenanlage ersetzt wurde. Dieser Teil bildet aber die erste Bauphase der Domus Tiberiana und auch das Ereignis kann historische zugeordnet werden. Hier wurde ursprünglich ein Tempel der Libertas errichtet und kurz darauf aber beseitigt. Cicero überliefert uns auch, dass er im Jahre 58 v. Chr. ins Exil geschickt wurde und deswegen sein Stadthaus am Palatin gebrandschatzt und geplündert wurde, damit der Volkstribun, der für Ciceros Verbannung zuständig war, sich dessen Stadthaus aneignen und mit seinem danebenliegenden Haus verbinden konnte.[31] Diese Zerstörung wurde auch gleich dazu benutzt, die danebenliegende Porticus catuli zu zerstören, um somit diesen Platz zu nützen, um eine Verbindung zum Haus des Cicero herzustellen. Zugleich wurde ein Teil des Grundstückes von Cicero (ca. ein Zehntel) für den Bau eines Tempels der Libertas abgetrennt. Wenn man nun die Ausmaße des Tempels hernimmt und davon ausgeht, dass es sich nur um ein Zehntel der Grundstücksgröße handelt, kommt man auf ca. 5250m², wobei diese auf einen unteren und einen oberen Teil aufgeteilt waren. Beide Teile hatten unterschiedliche Orientierungen. Im Jahr 57 v. Chr. bekam Cicero sein Grundstück wieder zurück, ließ den Tempe abreißen und darüber ein Privatbad errichten.

Dieser Teil der Domus Tiberiana verfolgt schon ein städtebauliches Konzept. Alles ist in insulae gegliedert, die durch Straßen getrennt werden. Die Grundstücke hatte eine Breite von 80 Fuß, deren Grundfläche demnach 1160 m² betrug.

Der Name Domus Tiberiana ist aber irreführend, da er nicht von Tiberius gebaut wurde. Teilweise gehörten Häuser, die in diesem Bereich angesiedelt waren, Tiberius, weil er sie aufgekauft hatte. Der

---

[30]Suet. Aug. 45-1
[31]Hoffmann, 39

Plan, die Residenz am Palatin zu erweitern, geht schon auf Augustus zurück.[32] Im Gegenteil, Tiberius wird von Sueton[33] als sehr sparsam beschrieben und er unterstellt dem Kaiser, dass er von den wenigen von ihm in Rom errichteten Bauten nur Ruinen hinterlassen habe.

Caligula erweiterte dann aber alle bereits der kaiserlichen Familie gehörige Häuser bis zum Forum. Flavius Josephus hatte Rom zu dieser Zeit besucht und beschreibt die Residenz als einheitliches Gebilde, das jedoch aus mehreren Gebilden bestand, wobei diese immer den Namen ihrer Bebauer trugen. Caligula machte den Tempel des Castor und Pollux am Forum zu Vestibül des Palastes. Der Palast wurde außerdem mit einer Brücke mit dem Kapitol verbunden.[34]

Domus Aurea:

Von Claudius ist keine Bautätigkeit am Palatin überliefert. Erst die Spuren Neros lassen sich wieder nachweisen, der den Palast am Palatin mit dem Esquilin verband. Nach dem Brand Roms wurde der Palast wiederaufgebaut und war Bestandteil der Domus Aurea – dem goldenen Haus des Nero, das sich vom Palatin, über Caelius und Oppius bis zum Esquilin erstreckte. Am Esquilin befand sich ein Bau, der sich über 370 Meter Länger erstreckte und in dessen Zentrum ein oktogonaler Saal, der geflutete werden konnte, befand. Er diente als Speisesaal. Zudem soll sich in dem Palast ein Saal befunden haben, der sich lt. Sueton[35] drehte. Dieser drehbare Kuppelsaal wurde am Palatin gefunden in den Vigna Barberini und nennt sich cenatio Rotunda. Um die Bewegung zu erzielen, nutzte man Wasserkraft. An dem Mittelpfeiler des Saales waren Zahnräder eingesetzt, die durch ein Wasserrad in Bewegung gesetzt wurden. Oberhalb des letzten Zahnrades war der Boden mit Zähnen, der so immer in Bewegung gesetzt worden ist. Der Boden selber lag auf Rollen, um bewegt werden zu können. Die beiden Architekten Celer und Severus hatten sich diesen Mechanismus ausgedacht. In der cenatio Rotunda fanden Bankette statt, durch den drehbaren Boden hatte man immer wieder eine neue Aussicht. Sueton lässt sich auch über die Verschwendungssucht des Nero aus. Sein Palast hatte an drei Seiten Säulenhallen von je 1000 Fuß Länger und eine Vorhalle mit einer 120 Fuß hohen Statue. Es gab einen See, Feldern, Weiden und Wälder, in denen eigene Wildtiere lebten. Alle Räume seien mit Gold und Edelsteinen überzogen gewesen und sogar die Kassettendecken hätten sich bewegt, so dass man aus ihnen Blumen streuen konnte. Sueton[36] legt Nero nach der Fertigstellung der Domus Aurea folgende Worte in den Mund: „ Jetzt endlich fange ich an wie ein Mensch zu wohnen. Trotz Verschwendungssucht und Verlust des Realitätssinnes des Kaisers setzte er in seiner Domus Aurea Maßstäbe, die es bisher in Rom nicht gegeben hatte. Mosaike schmückten erstmals die Wände nicht nur die Fußböden, wobei hier die Deckenbemalungen wichtiger waren. Waren Räume nicht mit

---

[32]Hoffmann, 47
[33]Suet. Tib. 47
[34]Hoffmann, 47
[35]Suet. Ner. 31, 1-2
[36]Suet. Ner. 31, 1-2

Mosaiken verziert, hatten sie Marmorverkleidungen oder Verkleidungen aus Gold. Der Künstler, der für die Malereien zuständig war, war Fabullus. Kuppelbauten gab es danach auch immer wieder (siehe Panthenon). Es existieren heute noch ca. 30000m2 an Freskenmalereien (das ist 30 Mal so groß wie die Sixtinische Kapelle), 1200 sind davon restauriert.

Insgesamt hatte der Palast 150 Räume, die teilweise eine Länge von 240 Metern hatten.

Der Teil, der heute noch sichtbar ist, ist der Teil unterhalb des Oppius Hügels. Dort befindet sich im Westen ein Peristylhof, der teilweise überdacht war. Im freiliegenden Bereich befanden sich vermutlich Pflanzen und Statuen.

Anschließend an diesen Hof befand sich das sogenannte Nymphäum eine gigantische Wasseranlage. Es handelt sich vom dem westlichen Teil der Domus Aurea am Oppius Hügel um die größten Raum.

Heute liegt die Domus Aurea unterirdisch, da nach dem Mord an Nero das gesamte Areal zugeschüttet wurde, um Platz für die darüber liegenden Trajansthermen zu schaffen, deren Fundamente man teilweise heute noch in der Domus Aurea sehen kann.

Vor dem Bau der Domus Aurea widmete sich Nero ganz der Umgestaltung der Kaiserpaläste am Palatin. Er verband die beiden Wohnbereiche – Domus Tiberiana und Casa die Augusto miteinander.

Domus Transitoria:

Danach fügte er die Domus Transitoria hinzu – dadurch wurden die bereits vorhandenen Bauten prunkvoll zu einer Einheit abgeschlossen und später wurde diese Domus mit der Domus Aura verbunden, in dem davor ein Vestibül errichtet wurde, in dem die Kolossalstatue Neros mit einer Höhe von 30-35 Metern stand.

Die sogenannten Bagni di Livia waren wohl auch Teil der Domus Transitoria. Den Namen erhielt sie aber, da man das schmale Becken als Badebecken deutete und in den Wänden Hohlräume fand, die für ein beheiztes Badehaus sprechen.

Über drei Treppen gelangt man auf das Niveau des Badehauses und betritt den mittleren, nicht überdachten Raum, an den sich tonnengewölbte Räume anschlossen.

Der große Raum lässt sich in drei Zonen teilen: Der Bereich N mit der Apsis, der freiliegende Bereich und die Zone P. Im Bereich N gab es ein Becken. Der südliche Teil beinhaltet auch ein Becken, das von Säulen umrahmt ist. Dieser Bereich ist leicht erhöht. Möglicherweise sind die Säulen ein Hinweis, dass diese Zone einst überdacht gewesen ist. In der gesamten Anlage findet man in allen Räumen Hypokausten Heizung, nicht nur um alles schön zu beheizen sondern auch um alles zu entfeuchten.

Domus Flavia:

Die Flavier – eher sehr sparsame Cäsaren – lösten die Domus Aurea auf und gaben diesen Platz symbolisch dem Volk zurück. Deswegen wurde dort, wo einst der See der Domus Aurea war, das Kolosseum errichtet. Der Palatinpalast wurde rekonstruiert. Dort wo sich zu Neros Zeiten eine gewaltige Treppenanlage befunden hatte, von der man vom Forum zum Palatin aufsteigen konnte, ließ Vespasian eine Thermenanlage für das Palastpersonal anlegen. Im Inneren des Palastes gab es einen Apsidensaal, der als Thronsaal – als sala Regia – diente. Ob wirklich Vespasian der Bauherr ist, der nachweislich nie am Palatin weilte sondern in den Gärten des Sallust[37] oder vielmehr sein Sohn Domitian, ist fraglich. Auch der zweite Sohn und Nachfolger Vespasians ist als Bauherr eher auszuschließen, da er seinen eigenen Palast am Esquilin hatte, der er durch die Titusthermen erweitern ließ.

Der Palast wurde auch um die Domus Augustana erweitert, die er im Jahre 92 n. Chr einweihte. Erstmalig kann hier eine klare Trennung zwischen privatem Bereich und öffentlichen Bereich gesehen werden. Umgesetzt wurde dies meisterhaft vom Architekten Rabirius. Trotzdem schien Domitian daran keinen Gefallen zu finden, da er in den letzten Regierungsjahren den Palast noch einmal umbauen ließ.

Neben diesen beiden Trakten gibt es auch noch Gartensäle, Ruheräume und Thermen. Das Interessante ist, dass es in jedem Bereich ein Peristyl gibt, die beiden lieben nebeneinander und bilden daher die Verbindung der beiden Bereiche. Der ganze Bau ist auf Substruktionen erbaut – dadurch konnte die Fläche, auf der sich Vorgängerbauten befunden hatten, eingeebnet werden.[38] Der Zugang zum Palast war auf der Nordseite. Dort gab es eine Prunkfassade zum Forum hin, eine weitere Prunkfassade wurde zum Circus Maximus erbaut. Die obere Portikus der sich zum Circus Maximus öffnenden Apsis konnte von den Privatgemächern des Kaisers betreten werden.

Schon der Aufbau der beiden Bereiche des kaiserlichen Palastes ist auffällig. Die Domus Flavia besteht aus drei großen Räumen, während die Domus Augustana – wie für ein Wohnhaus üblich – aus mehreren miteinander verbundene Räume und aus den dazwischenliegenden Gängen besteht. Ein Teil der Räume und Gärten befindet sich auf niederen Niveaus – sind also quasi versenkt – und von außen abgeschlossen und nicht einsehbar.

Bei der Domus Flavia ist der größte Raum der mittlere Raum im Norden mit 1180 m². In der Forschung wird er als Aula Regia bezeichnet. Es ist vermutlich der Raum, in dem sich der Kaiser den im Saal Versammelten zeigte.

---

[37]Cass. Dio, 66, 10, 4
[38]Hoffmann, 88

Der danebenliegende Raum wird als Basilica bezeichnet – eigentlich ein Ort der Rechtssprechung. Die Nischen sprechen für eine repräsentative Funktion.

Der Raum auf der anderen Seite der Aula Regia und dessen Funktion ist unklar. Der Raum trägt aber oft die Bezeichnung Lararium. Auch hier gibt es Nischen für Statuen.

Schriftsteller überliefern uns immer wieder, gewaltige Festmähler im Palast des Domitians – sogenannte convivia. Statius[39] spricht von 1000 geladenen Gästen. Ob diese Zahlen stimmen, ist nicht gewiss. Als sicher gilt, dass bereits und Otho und Caligula große Feiern stattgefunden haben. Sueton[40] berichtet sogar von 600 geladenen Gästen unter Kaiser Claudius. Martial weiß zu berichten, dass es früher keinen Platz gegeben hat, der die Tischgesellschaft des Kaisers fassen konnte.[41] Dazu muss aber gesagt werden, dass Domitian ein Mäzen von Martial war – inwieweit dieses Lob richtig war oder nicht ist mit Vorsicht zu betrachten. Wenn man davon ausgeht, dass eine Kline für 9 Personen die Maße 3,6ßx3,60 hatte, dann hätten in der Aula Regia ca. 24 Klinen Platz gehabt sprich es hätte 216 Geäste gefasst. Dazu noch 108 Gäste in der Basilika, wären gesamt 500 Personen.[42] Sueton[43] überliefert auch, dass bei solchen convivia oft nur ranghöhere Personen auf Klinen lagen, während Personen niederen Ranges am Tisch saßen. Somit hätte der Palast des Domitian noch mehr Personen Platz geboten. Eine Aufteilung der Klinen wäre aber äußerst unpraktisch, da der Kaiser immer wieder seinen Platz wechseln müsste. Plinius[44] berichtet, dass Domitian zu Mittag immer alleine gegessen hat und daher während eines conviviums nur einen Apfel verspeiste, dafür hätte er aber seine Gäste scharf beobachtet.

Es entstand zunächst en Bau am Forum Romanum, das Athenäum mit der Bibliothek. Um den Höhenunterschied zum Palatin zu überwinden, wurde eine siebenläufige überwölbte Rampe errichtet. Im ursprünglichen Palast wurden neue Thermenanlagen errichtet und die Fassaden zum Forum hin wurden erneuert. Damit verlagerte sich das Zentrum des Kaiserpalastes von der Nordecke in die Südostecke. Der Name Domus Augustana ist ein Hinweis der Ehrerbietung des Domitian Augustus gegenüber.[45] In der Domus Tiberiana und dem Athaenaeum wurden später nur mehr die Prinzen erzogen.[46]

---

[39]Stat. Silv. 4,2
[40]Suet. Claud. 32
[41]Mart. VIII, 39
[42]Hoffmann, 95
[43]Suet. Claud. 32
[44]Plin, Paneg, 49, 6
[45]Hoffmann, 53
[46]Cass. Dio, 71, 35, 4

Palast des Hadrian:

Unter diesem Kaiser wurde die Domus Tiberiana noch einmal umgebaut und erhielt eine noch heute sichtbare zweigeschossige Arkaden Subkonstruktion, die vom Forum aus zu sehen ist.

Über die Zeiten danach ist leider nicht viel überliefert. Die antoninianischen Cäsaren – Antoninus Pius, Mark Aurel, Verus, Commodus – wurden hier erzogen und siedelten dann aber nicht in den eigentlichen Palast um sondern blieben in diesem Teil einfach wohnen. Commodus hatte sogar überlegt, die Domus Tiberiana in Domus Commodiana umzutaufen. Im 4. Jh. n. Chr sind bereits erste Verfallsanzeichen zu erkennen. Es konnte auch nachgewiesen werden, dass zu dieser Zeit die Untergeschoße nicht mehr benützt worden sind. Nach dem Untergang des weströmischen Reiches residierten hier noch einige byzantinische Caesaren. Der Vater des Papstes Johannes VII hatte das ehemalige Athenäum, das mittlerweile eine Kirche war, renovieren lassen. Er hatte sich auch mit dem Gedanken getragen, die lateranischen Paläste auf den Palatin zu verlegen. Das Ende des Domus Tiberiana kann mit dem Jahr 874 angesetzt werden, da ein Erdbeben weite Teile zerstörte.

Die Keimzelle am Palatin bei den Hütten des Romulus wurde nach Norden hin erweiterte, um eine Verbindung zum Forum zu schaffen, von dem man direkt zu den Kaiserpalästen aufsteigen konnte. Doch unterschieden sich die Kaiserpaläste am Palatin in ihrer Bauweise von den Wohnhäusern der Reichen am Palatin?

Im Jahr 28 v. Chr als Octavian der Titel „Augustus" durch den Senat verliehen wurde, beschloss der Senat auch Ehrungen für das Haus des Augustus.[47] So wurden die Türpfosten mit Lorbeer bedeckt und die Bürgerkrone darüber angebracht.

Auch Claudius hatte an seinem Palast die Corona Navalis anbringen lassen.[48]

Hadriansvilla in Tivoli:

Tivoli hat eine gute Verkehrsanbindung an Rom einerseits durch die Via Tiburtina, die nach Westen und somit direkt nach Rom verläuft und andererseits durch die via antonia, die in den Süden ging.[49] Zudem lag Tivoli auch günstig, da der Fluss Anio direkt nahe der Stadt fließt und somit konnten sämtliche Bauutensilien per Schiff transportiert werden. Ein weiterer Faktor für den Bau seines Palastes hier in Tivoli waren die tiburtinischen Steinbrüche, der lapis tiburtinus" auch Travertin genannt. Ein Gestein, das vom Aussehen her Marmor sehr ähnlich ist, aber viel leichter und poröser.

---

[47] Aug. res gest., 34
[48] Suet. Claud. 17
[49] Schareika, 41

Die Villa wurden auf den Resten einer republikanischen Villa aus dem 2. Jahrhundert v. Chr. erbaut, die der Familie von Hadrians Frau gehörte.[50] Es lassen sich aufgrund der Prägestempel der Ziegel verschiedene Bauphasen feststellen.

Die gesamte Villa erstreckt sich auf 77 Hektar. Es handelt sich nicht um eine Villa sondern um mehrere Bauten, die miteinander verbunden sind. Ob der Kaiser bei den Plänen mitzureden hatte, kann leider nicht nachgewiesen werden.

In unmittelbarer Nähe zur Villa ist auch ein Aquädukt, der direkt bis nach Rom ging, die Aqua Marica.

Die Villa war von einer Mauer umgeben und hatte insgesamt nur drei Eingänge. Der gesamte Bau ist Nord-Süd orientiert, wobei die Komplexe zueinander verschoben sind. In sich sind aber wieder alle im rechten Winkel zueinander. Starre Formen werden immer wieder durch runde Elemente aufgelockert.

Der Inselpavillon ist sogar genau nach den Himmelrichtungen orientiert und könnte somit möglicherweise den orbis , die Welt, darstellen. Zudem wurde der Inselpavillon von Wasser umflossen, genauso wie der orbis.

Insgesamt lässt sich die Villa in vier Bereich unterteilen: den Nordpark, der nur der kaiserlichen Familie zugänglich war sowie den offiziellen Besuchern, die Regio princeps, der eigentliche Kaiserpalast, die regio otiosa, das Vergnügungsviertel und das Südviertel

Nordpark:

Im Nordpark findet sich ein römisches Theater, ein Odeion, ein Rundtempel der Venus, in dessem Inneren sich eine Kopie von Aphrodite von Knidos befunden hat sowie die Gartenterrasse und das Gebäude mit der Sphinx. Dieser Bereich war nur dem Kaiser und seinen hohen Besuchern vorbehalten.

Die regio princeps beinhaltet die Residenz und Empfangsbauten sowie einige Rückzugsorte für den Kaiser.

Der eigentliche Kaiserpalast liegt im Südosten des Areals und besteht aus einem großen Hof, zu dem hin ein gewaltiges Vestibül führt. Das Vestibül ist ein Quadrat mit runden Ecken und eine Diagonale von 10 Metern. Überdacht war sie mit einer Kuppel. An das Vestibül schließen Räume an, die in ihrem Aufbau gleich sind. Möglicherweise Arbeitsräume von kaiserlichen Beamten. Der Hof war mit Säulen umgeben und in der Mitte befand sich ein Brunnen. Direkt in der Flucht des Vestibüls liegt ein weiterer Kuppelbau – die sogenannte Festarchitektur, die sich zudem über die gesamte Breite des Hofes erstreckt. Es handelt sich um das Sommertriclinium.

---

[50] Schareika, 43

Teatro Marittimo:

Es handelt sich dabei sicherlich um einen ungewöhnlichen Teil des Areals um eine kreisförmig verbundene Inselvilla. Sie ist aus Ziegel, die einen Stempel des Jahres 118 n. Chr. tragen. Somit wurde damit unmittelbar nach der Machtübernahme Hadrians begonnen.[51] Der Rundbau hat einen Durchmesser von 24,50 Metern und wir von einem 4,30 Meter breiten und 1,50 Meter tiefen Wasserkanal umflossen. Die Kuppel besaß bewegliche Windanzeiger und drehte sich. Somit sind hier Erde, Wasser und Himmel vereint. Umrahmt wird die Villa von einer Säulenhalle aus 40 ionischen Säulen. Über zwei Brücken konnte man von einer Halle zur Insel gelangen. Diese zwei Brücken konnten verschwenkt oder eingezogen werden.[52] Später wurden sie durch unbewegliche Stege ersetzt. Auch dieser Rundbau hat wie der eigentliche Kaiserpalast eine Achse. Diese geht von dem Propylon durch den Rundbau, an dessen Ende eine Nische ist und auf der anderen Seite bis zu einem Nymphäum.

Im Inneren der Villa ist ein Peristyl, das eigentlich quadratisch sein sollte, doch alle vier Seiten schwingen nach Innen und schneiden so das Quadrat ab. An jeder Seite schließen sich drei Räume an. Im Norden ist der dominante Raum der Raum, der direkt gegenüber dem Vestibül liegt. Ein Raum, der sich zum Peristyl hin krümmt und dessen Bogen von Säulen umgeben ist. Durch diese monumentale Halle bliebt für die danebenliegenden Hallen nur mehr wenig Platz. Diese Räume hatten weder eine Gestaltung noch eine Funktion – bilden aber wieder mit den beiden Brücken eine Symmetrie.

Stoia Poikile:

Hadrian galt als äußerst großer Griechenland Fan – nicht umsonst hat er auch in Athen eine eigene Agora erbaut. So findet man auch hier eine Stoa Poikile – eine bunte Halle, die im Norden der Anlage zu finden ist. Sie umschloss einen Garten von 232 mal 97 Metern. Architektonisch abgeschlossen wurden die Stoa Poikile an beiden Seiten durch Bögen und hatte auch keine Säulenhalle sondern eine durchlaufende Mauer. Diese war überdacht und kann aufgrund einer Inschrift als Trimm-Dich-Pfad bestimmt werden, da aus einer Inschrift der Namen porticus miliari hervorgeht, was gleichbedeutend mit Meilenporticus ist. Wenn man die Mauer sieben Mal umwandert, hat man 3,5 Meilen zurückgelegt. Der dahinterliegende Garten hatte in seiner Mitte ein langes Wasserbecken. Einen eindeutigen Zweck schien dieser Garten nicht erfüllt zu haben. Baulich ist er aber beachtlich, da die gesamte Gartenanlage vor dem Bau nach Westen hin abgefallen ist und dass ganze nur durch zahlreiche Subkonstruktionen angehoben und errichtet werden konnte.[53] In diesen

---

[51]Knell, 87
[52]Knell, 87
[53]Knell, 96

Subkonstruktionen waren die Unterkünfte des Personals. Es gab hier sogar einen eigenen Lieferanteneingang.[54]

Verwaltungs- und Diplomatentrakt:

Diese zweiflügelige Anlage liegt neben dem Inselpavillon und beinhaltet eine lateinische und eine griechische Bibliothek, Empfangsräume und Besprechungsräume. Alle sind sehr repräsentativ mit Apsiden und Halbgewölben gestaltet.

Hospitalia und Pavillon mit Belvedere:

Die Hospitalia sind zweiflügelig um einen Hof herum erbaut und beinhalten auf jeder Seite 5 Zimmer mit unterschiedlichen Fußbodenmosaiken. [55] Möglicherweise konnte man so die Zimmer auseinanderhalten. Heute gibt es oft Zimmerbezeichnungen „Schilcher", „Morillon" damals ergab sich der Zimmername möglicherweise aufgrund der Darstellung am Fußbodenmosaik.

Der Pavillon war mehrstöckig und hatte ein offenes Triclinum. Man geht davon aus, dass die Hospitalia nicht für so hohe Besucher waren, während der Pavillon für höherstehende Persönlichkeiten gedacht war.

Das große Triclinium

Direkt mit der Südhalle des Gartenperistyls befand sich ein Bau, der als Triclinum gedeutet wurde. Der Grundriss ist heute nur mehr erkennbar. In der Mitte war ein großer Raum, der an drei Seiten von Apsiden abgeschlossen wurden und an der vierten Seite von einem rechteckigen Raum mit einem integrierten Becken. Dieses war ein Wasserbecken, in dessen Mitte ein Springbrunnen stand. [56] Da dieser Raum zum großen Saal hin durch Säulen geöffnet war und auch zur Seite des Gartenperistyls hin, konnte man sowohl von außen als auch von innen diesen Springbrunnen betrachten. Mit Türen war dieser Raum mit dem Gartenperistyl verbunden. Der große Saal ist durch zwei Säulenreihe in drei Schiffe unterteilt. Die Südexedra hat in seinem Inneren einen eigenen Garten, der zwischen der Säulenreihe und der Außenwand ist und bietet somit einen Blick ins Grüne sowohl vom großen Saal als auch vom Raum mit dem Springbrunnen.

Die ganze Gestaltung des Baues lässt darauf schließen, dass es sich um einen Raum für besondere Empfänge und damit um das Triklinium des Kaisers gehandelt haben könnte. Beweise gibt es dafür aber freilich keine.

---

[54] Schareika, 81
[55] Schareika, 92
[56] Knell, 99

Das Gartenstadion:

Der Tradition seines Vorgängers – Domitian in der Domus Augustana – folgend, hatte auch diese kaiserliche Villa ein integriertes Stadion. Das Besondere an diesem Stadion ist, dass die Hauptachse durch eine rechtwinkelige Querachse mit der eigentlichen Kaiservilla und dem Triclinium verbunden wird. Am Kreuzungspunkt beider Achsen entstand ein Hof, von wo weg der Anschluss an Nebengebäude erbaut werden konnte: Im Westen an das Triclinium und im Osten an eine Kryptoportikus mit Fischteich.[57] Den Nordabschluss des Stadions bildet eine Raumkette, wobei hier die Grenzen zwischen „außerhalb des Stadions" und „innerhalb des Stadions" verschwimmen. Einerseits sind diese Räume durch Türen von innen her zu betreten und durch eine Mauer abgeschlossen, andererseits bilden diese Räume aber auch wieder den Zugang zur Inselvilla. Die Räume öffnen sich zudem auch zum davorliegenden Garten, der bepflanzt war aber auch ein langes Kanalbecken beinhaltete. Am südlichen Ende geht er in eine Saalarchitektur über, die durch eine Bogenform, die Sphendone, abgeschlossen wird. Danach folgt eben dieser Hof. Südlich des Hofes ist erneut ein Peristylhof mit Sphendonen, der dann in eine Art Theater übergeht. Hier wurde die Form eines Theater benutzt, um darauf ein kunstvolles Wasserspiel in das Stadion einbauen zu können,[58] wobei das Wasser über die Stufen in die Orchestra floss, die ein Wasserbecken war. Sieht man sich den Grundriss des Stadions an, dann fällt auf, dass durch die beiden umrahmten Hallen links und rechts des Hofes und durch die jeweiligen bogenförmigen Abschlüsse, die sich zum Hof hin öffnen, eine Betonung auf dem Hof liegt.

Man bezeichnet dieses Gebäude auch als Winterpalast und zudem soll es das Zimmer von Kaiser Hadrian beinhalten, denn durch Treppen gelangte man ins 1. Geschoß, wo eine Treppe direkt in ein Zimmer führte, in dem man einen schwebenden Fußboden (suspensura) WAS IST DAS nachweisen konnte. Außerdem hat es zwei Einzeltoiletten.[59]

Privatthermen des Kaisers:

Diese liegen zwischen dem Kaiserpalast und der Inselvilla und wird oft als Therme mit Heliocamino bezeichnet. Ein Heliocamino ist ein zur Sonnenseite gelegener Raum. Im Süden gibt es tatsächlich einen solchen Kuppelraum, der vollständig mit einem Becken versehen ist, der mit Warmluft beheizt war. Es handelt sich demnach um die Sudatio.

Die Regio otiosa:

Beim großen Vestibül liegt einer der drei Zugänge in das Areal. Es handelt sich um einen Zuweg und einen Abweg. Es gibt keine Verbindung zu den danebenliegenden Thermen.

---

[57]Knell, 100

[58],Knell, 101

[59] Schareika, 103

Die großen Thermen sind nach Westen orientiert. Der Zugang erfolgte vom Süden über die Palästra und wurde nie fertiggestellt. Es gibt eine eigene Frauen und Männerabteilung. Die Thermen sind nicht so prunkvoll wie beispielsweise die Privatthermen des Kaisers. Dies lässt die Vermutung zu, dass sie eher für niedere Besucher oder das Personal vorgesehen war.

Personalwohnungen und Lagerräume:
Bestehen aus 3 Geschoßen, der Gartenterrasse und einigen Sälen. Es gibt eine direkte Verbindung zum Winterpalast.

Kleine Thermen:
Gestaltet sind die Thermen durch gerade und geschwungene Wände sowie durch Kuppel- und Halbgewölbe und einem achteckigen Saal. Alles in diesen Thermen ist sehr luxuriös. Somit scheinen diese Thermen für erlesene Gäste gewesen zu sein.[60]

Rocccabrunna-Turm:
Dieser liegt ganz im Westen direkt an der Umfassungsmauer. Es handelt sich um einen Rundbau, der über eine Rampe erreichbar ist. Die Basis bildet ein achteckiger Saal mit Nischen und Fenstern. Möglicherweise könnte es eine Sternwarte gewesen sein.

Panorama-Bankett-Halle:
Sie bildet in ihrer Grundstruktur ein T und beinhaltet ein Wasserbecken statt einem Peristylgarten. Dies ist etwas, das es bereits einige Jahrzehnte davor in Pompeji im Haus des P. Octavius Quartius gegeben hat. Hinter dem Becken liegt ein Kuppelbau, dessen Inneres aus mehreren konzentrischen Halbkreisen besteht. Der Innere Halbkreis kann mit Wasser gefüllt werden[61] Dahinter waren zwei weitere Becken und ein Halbkuppelsaal mit integriertem Wasserfall, der als Speisesaal diente. Umrandet war die Banketthallte von Nischen, in denen sich Statuen befanden. Vor der Front standen vier Marmorsäulen, die eine scheinbare Trennung zwischen dem Wasserbecken und der Halle herstellen sollten.[62]

Oft werden diese Räumlichkeiten aber auch als Serapeion bezeichnet.

Vor dieser Panorama-Bankett-Halle erstreckte sich der sogenannte *Canopus.*

Dieses Wasserbecken befindet sich in einer künstlich angelegten Talsenke. Auf den ersten Blick erscheint es vom Grundriss her ein Stadion zu sein, doch es ist ein Wasserperistyl, das an drei Seiten von Säulenhallen umgeben ist, wobei die Säulen von Stützfiguren abgelöst worden sind. Aufgrund einer antiken schriftquelle wissen wir, dass es in der Hadriansvilla eine Anlage gab, die diesen Namen

---

[60] Schareika, 108
[61] Schareika, 114
[62] Knrell, 109

trug und an den Ort Canopus im Nildelta erinnerte, der wegen der Heilkraft seines Serapeions berühmt gewesen ist.[63] Deswegen möglicherweise auch hier das integrierte Serapeion. Wann immer Hadrian in Ägypten gewesen ist, hat er diese Stätte besucht und im Jahr 130 n. Chr ist sein Begleiter und Lustknabe Antinoos genau dort in den Nil gestürzt. Deswegen ist es auch nicht verwunderlich, dass eine der Statuen, die das Wasserperistyl umgehen, Antinoos darstellt. Weitere Statuen waren etwa die Amazonen, Kopien jener Statuen, die Anlässlich eines Künstlerwettstreites in Ephesos entstanden sind oder auch die Karyatiden vom Erechtheion in Athen. Die Karyatiden sind – im Gegensatz zu den anderen Statuen – auf Sockeln dargestellt – auch dies entspricht dem Original.

Der integrierte Wasserfall und damit auch der Blickschutz nach außen lassen daran denken, dass Hadrian sich möglicherweise gerne hier zurückgezogen habe könnte – nicht sichtbar von außen, aber er konnte den Canopus ansehen und damit an den Ort denken, den er besucht hatte und auch gleichzeitig an den Jüngling, der sein Liebling gewesen war und der ihn auf vielen Reisen begleitet hatte, bei denen er alle hier aufgestellten Kunstwerke bewundert hatte.[64]

Südviertel:

Dieses ist leider unzugänglich und war möglicherweise der Palast für Sabina, die Frau von Kaiser Hadrian. Es fanden sich Reste von einem Rundflügelpavillon mit konvexen Wänden sowie Lagerräume und Küchenräume.

Das Theater hatte einen unterirdischen Zugang. Auffällig ist der Rundbau bei den obersten Stufen, dessen Funktion bis heute noch nicht geklärt werden kann.

In dem Südviertel befindet sich auch etwas, das als großes Trapez bezeichnet wird. Es liegt vollständig unter der Erde und gehört zum unterirdischen Wegnetz unter dem Palastareal. Das Wegnetz besteht aus Tunnel, die in regelmäßigen Abständen Öffnungen von 3 Metern haben.

Möglicherweise diente dieser Platz als Abladeplatz oder Ruheplatz für die Lasttiere.[65]

Abschließend ist noch zu sagen, dass die Hadriansvilla in Tivoli aus ca. 900 Räumen besteht bzw. 900 Räume ergraben wurden.[66]

Villa Jovis – Kaiserresidenz auf Capri

Wieso Augustus und später Tiberius diese karge und nicht kultivierbare Insel als Platz für eine Residenz wählten, ist bis heute unklar. Tacitus und Sueton sind der Meinung, dass die Unzugänglichkeit dem Bedürfnis des Tiberius nach Einsamkeit und Schutz entgegen kam.[67]

---

[63]Str. 18, 801

[64]Knell, 110

[65] Schareika, 121
[66] Schareika, 129

Augustus nannte die Insel Apragopolis – Insel des Müßiggangs.[68] Er hatte zu der Insel auch eine besondere Beziehung, da er sie zum ersten Mal nach seiner siegreichen Schlacht bei Actium betreten hatte. Da ereignete sich auf der Insel ein Wunder, eine tot geglaubte Eiche richtete sich auf einmal wieder auf. Daraufhin tauschte Augustus mit der Stadt Neapel die Inseln Capri und Ischia aus.[69] Von da an besuchte Augustus die Insel sehr oft und auch Tiberius verbrachte die letzten 10 Lebensjahr fast ausschließlich auf der Insel ohne je wieder nach Rom zurückzukehren.

Während der Kaiserzeit wurde auf der Insel griechisch gesprochen, da ja ursprünglich der Golf von Neapel, Ischia und Capri von den Griechen besiedelt worden sind. Inschriften bestätigen dies.

Augustus hatte auf Capri nicht nur eine Villa besessen sondern glaubt man Tacitus sogar 12 Villen.[70] In einer dieser Villen bewahrte Augustus eine Sammlung von Knochen, archäologischen Funden und Waffen auf.

Sein letzter Aufenthalt auf Capri war kurz vor dem Tod des Augustus. Er hatte sich im Sommer des Jahres 14. N. Chr noch hier mit seinem Nachfolger Tiberius getroffen.

Im Jahr 26 n. Chr bricht Tiberius zu einer Reise nach Kampanien auf, um in Nola – dem Sterbeort des Kaiser Augustus – einen Tempel einzuweihen. Dabei wohnt er auch in der Villa Sperlonga, in der er durch einen aus der berühmten Grotte herabfallenden Felsbrocken fast umgebracht worden wäre. Er konnte nur gerettet werden, in dem sich der Prätorianerpräfekt Sejanus über ihn geworfen hatte. Als er nach Capri kam, zog er in die 12 Villen ein. Von Capri aus reiste Tiberius zwar in die Umgebung Roms, betrat die Stadt aber nie mehr wieder. Mit dem Senat gab es einen regen Briefwechsel, dringende Botschaften wurden über Signale übermittelt.[71]

Die Villa entspricht in ihrem Aufbau nicht so sehr dem Typus einer römischen Villa als durch ihre Blockhaftigkeit eher an einen Palast. Vermutlich gab es an der Nord- und Ostseite ein Obergeschoß, da hier die Mauer etwas verstärkt wurde.

Das Hauptgebäude der Villa liegt 334 Meter über dem östlichen Promontorium. Sie ist terrassenförmig und aus Kalkstein. Dankenswerterweise hat sich immer die Masse der oberen Terrasse über die untere Terrasse gelegt, weswegen es heute noch 8 Ebenen gibt, anhand denen sich die Villa rekonstruieren lässt. Das Hauptgebäude, das am höchsten Punkt lag, ist leider verloren gegangen.

---

[67] Suet. Tib. 40; Tac. Ann. 4, 67
[68] Suet. Aug. 98, 4
[69] Suet. Aug. 92, 4
[70] Tac. Aug. 4, 67
[71] Suet. Tib. 65

Das Zentrum der Villa bildet die fast quadratische Zisterne, die in vier Reservoire unterteilt ist. Sie ist von vier Flügeln, die allesamt auf unterschiedlichen Niveaus sind, umgeben. Den Haupteingang der Villa erreicht man von Westen über eine Rampe. Die gesamten unterschiedlichen Niveaus sind mit weiteren Rampen miteinander verbunden.

Insgesamt lassen sich drei Bauperioden unterscheiden. Im ersten Baumaterial wurde Kalkstein mit sechsschichtigen Ziegelbändern verwendet. Die zweite Bauperiode unterteilt sich in zwei Perioden: in der ersten wurden einige Bauzonen verstärkt, in der zweiten teilweise eingestürzte Bauzonen wiederaufgebaut. Bei dieser zweiten Bauphase wurde als Material gemischtes Kleinquaderwerk verwendet. Diese Bauphase erfolgt unmittelbar nach dem Einsturz des Südflügels, der im Zusammenhang mit dem verherenden Erdbeben in Kampanien im Jahre 62. N. Chr einstürzte. Der Wiederaufbau erfolgt aber erst unter Domitian.

Auf der Ebene 2 im Südflügel gibt es einen Raum, der von außen betretbar war. Es war ein Apsidenraum mit Becken, das unbeheizt war. Vermutlich diente es als Bad für das Personal und wurde von den darüberliegenden Thermen gespeist.[72] Das Haupthaus hatte zudem ein zentrales Peristyl gehabt haben und vier Flügeln. Über dem Untergeschoß gab es eine Peristylhalle und eine Vorhalle zu den drei Hauptsälen. Das Hauptgeschoß war mit Holzbalken überdacht, wobei die Dachflächen gegen das Peristyl geneigt waren. Als Auffangfläche dienste ein Wasserkanal, der das Wasser dann in ein Klärbecken weiterleitete.[73]

Die Villa, die von Sueton als Villa Jovis bezeichnet wurde, war sogar mit einem Leuchtturm verbunden und wies zudem im Norden noch eine Ambulatio auf. Möglicherweise kann der Leuchtturm auch ein Signalturm gewesen sein, mit dem der Kontakt mit Rom aufrechterhalten wurde. Ein solcher Signalturm (specula) wird auch bei Sueton erwähnt.[74]Der Nordbereich des Hauptgeschosses bildete den Wohnbereich des Kaisers, die dem Aufenthalt dienten. Auch das darüber liegende Obergeschoß gehörte zum Privatbereich des Kaisers.

Der Ostflügel war für Empfänge bestimmt. Er bestand aus einer dreischiffigen Eingangshalle mit zwei flankierenden Triklinien. Der halbkreisförmige Saal ist der Speisesaal.

Im Südflügel waren die Räume für die administrativen Bereiche. Sie öffneten sich alle auf einen Korridor.

Über dem Westflügel wurde eine Wandelhalle (ambulatio) angenommen.

---

[72] Krause, 63
[73] Krause, 78
[74] Suet. Tib. 65, 2

Die Villa besaß – wie bereits oben erwähnt – ein eigenes Wasserreservoir mit einer Füllmenge von ca. 3. Millionen Litern. Für die Auffüllung bedurfte es ca. 1 Jahr. Die Wasserzisterne war auf einer so kargen Insel, die über keine natürlichen Wasserquellen verfügt, überlebenswichtig!

Türkei:

Pergamon:

Pergamon, die auf einem Felsen liegende Stadt in der heutigen Türkei, wurde von der Oberburg dominiert, die auch gleichzeitig die Palastanlagen beinhaltet. Diese sind in sechs Baugruppen unterteilt. Aufgrund der reichen Ausstattung kann die Oberburg als hellenistischer Herrschersitz angesehen werden und sich dadurch mit Aigai – Vergina und Pella messen.

Die sechs Baukomplexe dienen unterschiedlichen Zwecken. In Baugruppe I wurden Lanzen und Pfeilspitzen gefunden, die sich in das 2. Jahrhundert v. Chr. datieren lassen. Die ebenfalls in Vielzahl gefundenen Mühlsteine gemeinsam mit den oben erwähnten Funden lassen eine Deutung als Kasernenkomplex zu.[75] Aufgrund der Mauerdicke kann man von einem mehrgeschossigen Bau ausgehen.

Der Bauteil II ist heute von modernen Dingen überbaut. Daher ist die antike Funktion ungewiss. Ein fast quadratischer Grundriss könnte möglicherweise ein Wasserturm gewesen sein, da auf der Ostseite die Druckwasserleitung ankommt. Daneben befindet sich ein rechteckiger Grundriss – möglicherweise ein Tempel. Für wen kann man leider nicht sagen.

Baugruppe III könnte ein Peristylhaus gewesen sein. Einige Architekturfragmente wurden in diesem Bereich gefunden, lassen aber keine Deutung zu.

Als Magazin gilt Baugruppe VI genauso wie als Quartier für die Torwache. Zahlreiche Geschützkugeln weisen auf einen Bau hin, der als Verteidigungszweck diente. Auch große Vorratsgefäße wurden gefunden.

In den Bereichen IV und V wurden mehrere Peristylhäuser gefunden u.a der Palast IV, der sich auf einer Fläche von 30x 35 Metern erstreckt und ein Peristylhaus ist. Die erhaltenen Räume waren alle verputzt. Auch Mosaikböden sowie ein freistehender Altar konnten eindeutig identifiziert werden. Der Peristylhof war mit Platten gepflastert und er hatte in der Mitte eine Zisterne. Der Hauptflügel war offensichtlich der nördliche – dort waren die Räume am größten. Der östlichste Raum hatte Dekorationen im ersten Stil und einen Mosaikfußboden, dessen Verzierung ein qualitativ sehr gutes umlaufendes Mosaikband war. Es fasste somit den Platz ein, auf welchem die Klinen standen. Es handelt sich somit um ein Triklinium.

---

[75] Ladstätter, 156

Die Baugruppe V war von der Baugruppe IV durch eine Peristasis getrennt. In ihr wurde auch ein Peristylhaus mit 2400m² gefunden. Der Hof hatte ein Fundament, dessen Zweck nicht bekannt ist. Es konnte aber ein Vorgängerbau nachgewiesen werden. Aufgrund der Lüftungsschlitze geht man von einem Getreidespeicher aus.[76] An drei Seiten waren Räume – nur an der Westseite nicht. Im Süden war ein Propylon. Dieser Palast scheint Rücksicht auf den Palast IV zu nehmen, weswegen er zeitlich vermutlich später entstanden ist. Dieser Palast hat die schönsten Dekorationen und die besten Materialien. Deswegen gilt er als der offizielle Palast.[77]

Diese beiden Bauten können aufgrund der hervorragenden Lage als Paläste identifiziert werden. Zudem gibt es eigene Torwächter, die das gesamte ummauerte Areal bewachen. Die Paläste sind auch durch einige öffentliche Bauten (Athenaheiligtum, obere Agora, Theater) von den normalen Wohnhäusern getrennt. Die Höfe in den Palastbauten nehmen ca. 40-50% der Gesamtfläche ein, bei den normalen Wohnhäusern nur 20%. Außerdem sind diese beiden Bauten reich verziert (kostbarer Marmor, bemalte Wandverkleidungen, Mosaikfußböden) und es wurden auch vorgefertigte Bauteile des Pergamonaltars hier weiterverwendet – dies spricht für die pergamenische Königsfamilie.

Im Vergleich zu anderen Palästen lebten die pergamenischen Herrscher – obwohl sie ein riesiges Reich hatten, das zur größten Ausdehnung die gesamte Westtürkei beinhaltete (????) – eher sehr karg.

Kroatien:

Diokletianstempel Split:

Unter Diokletian einem römischen Kaiser der Spätantike wurde die Tetrarchie eingeführt. Zwei Caesari regierten über das Reich und ernannten bereits zu Lebzeiten zwei Augusti, zwei Stellvertreter. Diokletian war der erste römische Kaiser, der in Pension ging. Sein Plast in Split diente als Alterssitz. Die Bauzeit war von 295 bis 305. Der Palast selber verbindet architektonisch viele Komponenten: Villenarchitektur, Palastarchitektur, Sakralarchitektur, Militärarchitektur. Der Plast war echteckig und erstreckte sich auf einer Fläche von 30.000m². Umgeben war der Palast von Mauern und Türmen – hier ist das Element eines Militärlagers zu erkennen. Dieses findet man auch im Inneren des Palastes, da dieser durch eine Straße in zwei Teile geteilt wird – so wie dies auch bei Militärlagern der Fall ist. Die Gebäude im nördlichen Teil des Palastes konnten noch nicht eindeutig bestimmt werden. Im Süden des Palastes fand sich ein Peristylhof mit Tempeln und den eigentlichen Wohnbauten des Kaisers – hier findet man also das Element einer typischen römischen Peristylvilla.

Ursprünglich lag der Palast auch am Meer, deswegen gibt es an der Südseite (?) auch keine Mauer, da Diokletian den Wunsch äußerte seinen Palast direkt vom Deck eines Schiffs betreten zu können.

---

[76] Ladstätter, 157
[77] Nielsen, 105

Deswegen sind auch die Fenster auf dieser Seite des Palastes sehr niedrig, damit das Wasser dagegen schwappen kann.

Eines der Tore, durch die man die Stadt betrat, wird das goldene Tor genannt. Das war das Tor, durch den der pensionierte Kaiser das erste Mal seinen Palast betrat. Das Tor ist rechteckig und ein Doppeltor. Die Fassade war mit den Statuen der vier Tetrarchen verziert. Durch dieses Tor durften nur der Kaiser und seine Familie den Palast betreten.

Das silberne Tor war das Osttor. Direkt neben dem Tor sieht man noch die Überreste eines Turmes, mit dem der gesamte Palast bewacht wurde. Hier ist auch heute noch das originale Pflaster des Decumans zu sehen.

Das Bronzene Tor

Heute ist es Ausgangspunkt für die Besichtigungen des Palastes damals war es eher der Notausgang des Kaisers, denn er gelangte hier direkt von den Kellerräumen zum Meer. Deswegen ist es auch wesentlich kleiner und weniger prunkvoll als die anderen drei Tor der Stadt.

Vestibül

Dieser eigentlich rechteckige, aber im Inneren runde Raum hatte zahlreiche Nischen, die für Statuen Platz ließen. Es war der Vorraum zu den kaiserlichen Gemächern. Die eigentlichen kaiserlichen Gemächer sind nicht mehr erhalten, nur mehr die Kellerräume, weswegen sich zumindest der Grundriss rekonstruieren lässt. Es gab auch eine Kryptoportikus, die zu den kaiserlichen Gemächern führte u.a. zur Bibliothek des Kaisers. Die kaiserlichen Thermen sind heute noch im Hotel Slavija zu besichtigen.

Peristylhof:

Es handelt sich um einen Hof inmitten zahlreicher Tempel. Es ist daher davon auszugehen, dass es auch der Platz war, auf dem sich Diocletian huldigen ließ.

Literaturverzeichnis

Akurgal, E. (1987). *Griechische und römische Kunst in der Türkei.* München: Hirmer.

Badisches Landesmuseum Karlsruhe. (2008). *Zeit der Helden. Die dunklen Jahrhunderte Griechenlands 1200-700 v. Chr.* Darmstadt: Primus Verlag.

Bahn, P. G. (1997). *Versunkene Städte.* London: Weidenfeld & Nicolson.

Clemens, K. (2003). *Villa Jovis. Die Residenz des Tiberius auf Capri.* Mainz: Zabern.

Droysen, J. G. (1955). *Geschichte Alexanders des Großen.* München: Droemersche Verlagsanstalt.

Hoepfner, W. (1999). *Geschichte des Wohnens.*

Hoffmann, A. (2004). *Die Kaiserpaläste auf dem Palatin in Rom.* Mainz: Zabern.

Knell, H. (2008). *Des Kaisers neue Bauten. Hadrians Architektur in Rom, Athen und Tivoli.* Mainz: Zabern.

Krause, C. (2003). *Villa Jovis: die Residenz des Tiberius auf Capri.* Mainz: von Zabern.

Ladstätter, S. (2010). *Städtisches Wohnen im östlichen Mittelmeerraum 4 Jh v. Chr. - 1. Jh. n. Chr.* Wien: Österreichische Akademie der Wissenschaften.

Lebensalltag im alten Rom. (1996). Wien: Weltbild.

Nielsen, I. (1994). *Hellenistic Palaces Tradition and Renewal.* Aarhus: Aarhus University Press.

Schachermeyer, F. (1964). *Die minoische Kultur des alten Kreta.* Stuttgart: Kohlhammer.

Schäfer-Schuchart, H. (2001). *Antike Metropolen - Götter, Mythen und Legenden.* Belser Verlag: Stuttgart.

Schareika, H. (kein Datum). *Tivoli und die Villa Hadriana.* Mainz: Zabern.

Schneider, L. (2006). *Kreta. 5000 Jahre Kunst und Kultur: Minoische Paläste, byzantinische Kapellen und venezianische Stadtanlagen.* Ostfildern: DuMont.

BEI GRIN MACHT SICH IHR WISSEN BEZAHLT

- Wir veröffentlichen Ihre Hausarbeit, Bachelor- und Masterarbeit

- Ihr eigenes eBook und Buch - weltweit in allen wichtigen Shops

- Verdienen Sie an jedem Verkauf

Jetzt bei www.GRIN.com hochladen und kostenlos publizieren